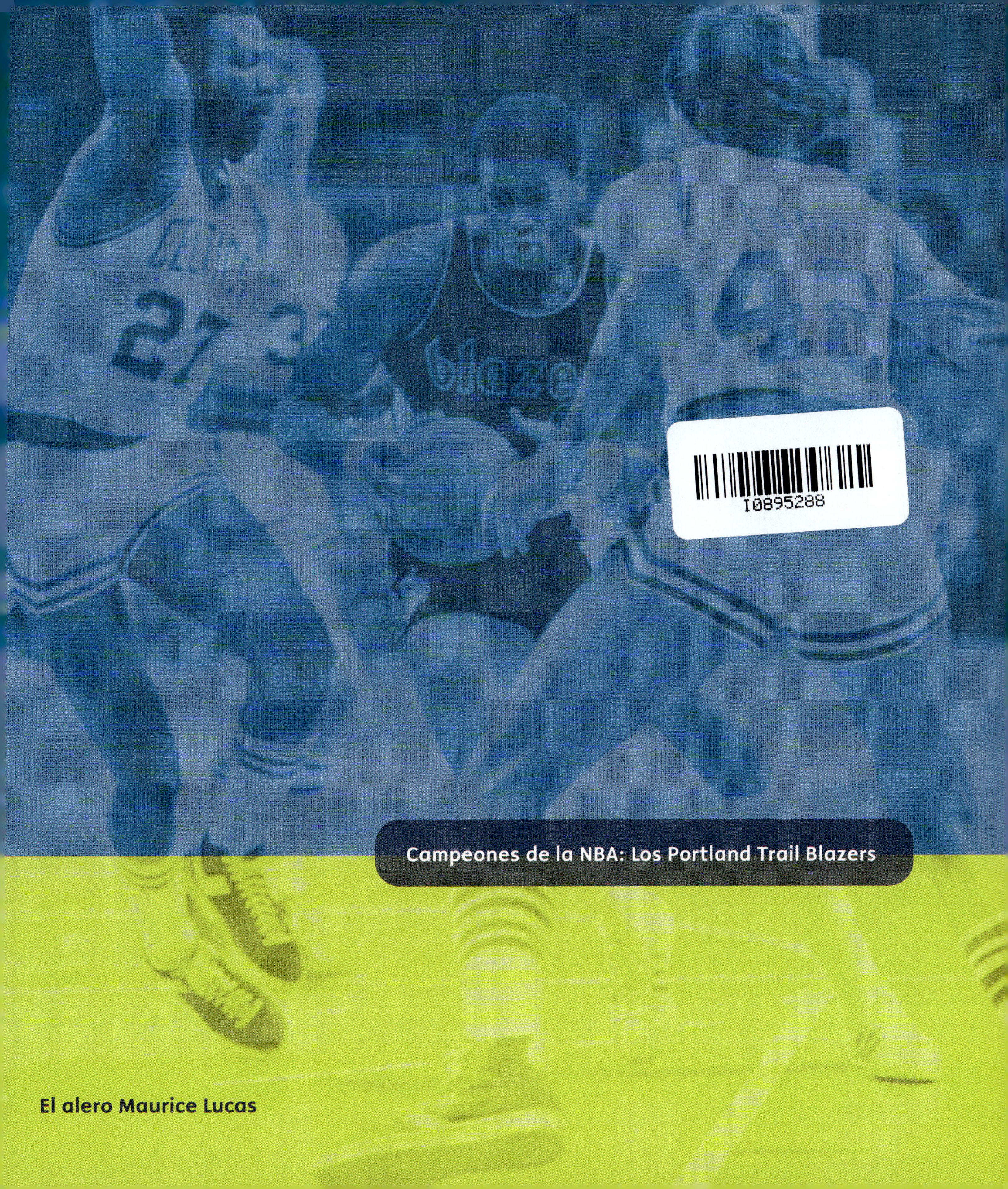

Campeones de la NBA: Los Portland Trail Blazers

El alero Maurice Lucas

El escolta Brandon Roy

CAMPEONES DE LA NBA

LOS PORTLAND TRAIL BLAZERS

DENNY BULCAO, JR.

CREATIVE SPORTS

CREATIVE EDUCATION / CREATIVE PAPERBACKS

El centro Bill Walton

Publicado por Creative Education y Creative Paperbacks
P.O. Box 227, Mankato, Minnesota 56002
Creative Education y Creative Paperbacks son sellos de
The Creative Company
www.thecreativecompany.us

Dirección artística de Tom Morgan
Producción de libros de Graham Morgan
Editado por Grace Cain

Imágenes de Alamy Stock Photo/ZUMA Press, 24; Associated Press/ED KOLENOVSKY, 19; Getty Images/Andrew D. Bernstein, 16, Ezra Shaw, portada, Focus On Sport, portada, 3, 4, Jayne Kamin-Oncea, 10, Joe Murphy, 2, Lauren Sopourn, 20, Layne Murdoch, 5, Sam Forencich, 7, 12, Thomas Oliver, 6, Walter Iooss Jr. 15; Paul Benoit, 1; Unsplash/Adam Blank, 9

Library of Congress Cataloging-in-Publication Data
Names: Bulcao, Denny Jr., author.
Title: Los Portland Trail Blazers / by Denny Bulcao, Jr.
Other titles: Portland Trail Blazers. Spanish
Description: Mankato, Minnesota : Creative Education and Creative Paperbacks, [2025] | Series: Creative sports. Campeones de la NBA | Audience: Ages 7-10 years | Audience: Grades 2-3 | Summary: "Elementary-level text translated into North American Spanish and dynamic sports photos highlight the NBA championship win of the Portland Trail Blazers, plus sensational players associated with the professional basketball team such as Anfernee Simons"-- Provided by publisher.
Identifiers: LCCN 2024023439 (print) | LCCN 2024023440 (ebook) | ISBN 9798889898252 (lib. bdg.) | ISBN 9781682778845 (paperback) | ISBN 9798889898450 (ebook)
Subjects: LCSH: Portland Trail Blazers (Basketball team)--Juvenile literature. | Basketball--Oregon--Portland--History--Juvenile literature.
Classification: LCC GV885.52.P67 B8518 2025 (print) | LCC GV885.52.P67 (ebook) | DDC 796.323/640979549--dc23/eng/20240703

Impreso en China

El centro Greg Oden

El alero Rudy Fernández

ÍNDICE

Hogar de los Trail Blazers

Portland (Oregón) está situada al otro lado del río Columbia, frente a Washington. Está cerca de la cordillera de las Cascadas, en el noroeste del Pacífico. La ciudad tiene un **estadio** llamado Moda Center. Es el hogar del equipo de baloncesto los Trail Blazers.

El base Damian Lillard

Los Portland Trail Blazers son un equipo de la Asociación Nacional de Baloncesto (NBA). Compiten en la División Noroeste. Forma parte de la Conferencia Oeste. Dos de sus mayores **rivales** son los Denver Nuggets y Los Angeles Lakers. Todos los equipos de la NBA quieren ganar las **Finales de la NBA** y proclamarse campeones.

El escolta Brandon Roy

Nombrando a los Trail Blazers

En los 1800, algunas personas atravesaron el país por el Camino de Oregón en carromatos cubiertos. Muchos de ellos se asentaron en lo que hoy es Oregón. Aquellos primeros colonizadores "abrieron camino". Eso significa que hicieron un nuevo camino a través de tierras salvajes.

Historia de los Trail Blazers

Los Trail Blazers empezaron a jugar en 1970. Tuvieron seis temporadas perdedoras. El nuevo entrenador Jack Ramsay construyó un equipo ganador alrededor del centro Bill Walton. Walton era un gran pasador y bloqueador de tiros. Medía 6 pies y 11 pulgadas.

Walton y el alero Maurice Lucas llevaron a los Trail Blazers a las **eliminatorias** en 1977. Perdieron los dos primeros partidos de las Finales

El centro Bill Walton

El swingman Clyde Drexler

contra los Philadelphia 76ers. Después ganaron cuatro partidos seguidos. El equipo se proclamó campeón en su séptima temporada. Walton fue nombrado **Jugador Más Valioso (MVP)** de la NBA la temporada siguiente.

A partir de 1983, los Blazers llegaron a las eliminatorias 21 temporadas seguidas. La estrella **swingman** Clyde Drexler fue apodado "Clyde the Glide". Portland volvió a alcanzar las Finales en 1990 y 1992. Perdieron en ambas ocasiones.

En la década de 2000, los Trail Blazers no llegaron a las eliminatorias por cinco años seguidos. El centro LaMarcus Aldridge llevó a Portland de nuevo a las eliminatorias en 2009.

Otras estrellas de los Trail Blazers

Los Trail Blazers han estado liderados por excelentes escoltas. Geoff Petrie fue la primera estrella de los Blazers en la década de 1970. Terry Porter dirigió el ataque en las décadas de 1980 y 1990. Los escoltas Damian Lillard y C. J. McCollum promediaron juntos 50 puntos por partido durante tres temporadas.

El escolta Geoff Petrie

El centro Deandre Ayton

El alero Jerome Kersey era conocido por sus potentes mates. Rasheed Wallace formó parte del **equipo All-Star** dos veces como Trail Blazer.

Los líderes actuales del equipo son el escolta Anfernee Simons y el centro Deandre Ayton. Los aficionados esperan que pronto ayuden a los Trail Blazers a ganar un segundo campeonato.

Acerca de los Trail Blazers

Primera temporada: 1970-71

Conferencia/división: Conferencia Oeste, División Noroeste

Colores del equipo: rojo, negro y blanco

Estadio local: Moda Center

CAMPEONATOS DE LA NBA:

1977, 4 partidos a 2 sobre los Philadelphia 76ers

PÁGINA WEB DEL EQUIPO:

https://www.nba.com/blazers/

Glosario

eliminatorias—partidos que juegan los mejores equipos después de la temporada regular para ver quién será el campeón

equipo All-Star—un equipo especial formado por los mejores jugadores de cada conferencia de la NBA

estadio—un edificio grande con asientos para espectadores, donde se celebran partidos deportivos y eventos de entretenimiento

Finales de la NBA—una serie de partidos entre dos equipos al final de las eliminatorias; el primer equipo que gana cuatro partidos es el campeón

Jugador Más Valioso (MVP)—un honor otorgado al mejor jugador de la temporada

rival—equipo que juega más duro contra otro equipo

swingman—jugador de baloncesto que puede jugar de escolta o de alero

El base Damian Lillard

Índice